QUESTIONS POLITIQUES.

DE LA PAIRIE. — DE LA LOI ÉLECTORALE. — DES ADMINIS-
TRATIONS MUNICIPALES ET DE DÉPARTEMENT. — DES SOCIÉTÉS
PARTICULIÈRES S'OCCUPANT DE QUESTIONS POLITIQUES. — DE
LA PEINE DE MORT. — DU PROCÈS DES ANCIENS MINISTRES
DE CHARLES X. — DE LA RÉPUBLIQUE ET DES PARTIS.

PAR J^t. PARENT-RÉAL,

AVOCAT A LA COUR ROYALE DE PARIS.
ANCIEN DÉPUTÉ DU PAS-DE-CALAIS AU CONSEIL DES CINQ-CENTS,
ET ANCIEN MEMBRE DU TRIBUNAT.

> « Un siècle n'aurait pas autant mûri les
> idées d'un peuple, que les trois derniers soleils
> qui viennent de briller sur la France. »
>
> *Discours de M. DE CHATEAUBRIAND, à la
> Chambre des pairs, du 8 août 1830.*

Prix : 1 fr. 25 c.

PARIS.

DELAUNAY, LIBRAIRE DE LA REINE,
AU PALAIS-ROYAL.
NÈVE, LIBRAIRE DE LA COUR DE CASSATION,
AU PALAIS DE JUSTICE,
ET CHEZ TOUS LES MARCHANDS DE NOUVEAUTÉS.

DÉCEMBRE 1830.

PARIS. — IMPRIMERIE DE CASIMIR, RUE DE LA VIEILLE-MONNAIE, N° 12,
Près la rue des Lombards et la place du Châtelet.

TABLE

DES MATIÈRES.

FIN DE LA TABLE DES MATIÈRES.

AVERTISSEMENT.

Trois chapitres ont été, au moment de l'impression, détachés de cet écrit.

Ils sont intitulés :

Du pouvoir constituant, exercé par la Chambre des députés. — De la Charte restaurée. — De la Chambre des députés, dans sa composition actuelle.

L'intention du premier de ces chapitres peut se découvrir par son titre.

Dans le second, l'on examinait si la Chambre des députés avait dû conserver à notre loi fondamentale le nom de *charte*, maintenir les *deux noblesses* et l'*inamovibilité des juges* actuels; déclarer une *religion de la majorité des Français* et ordonner que les députés seraient élus pour *cinq ans*, sans la condition du renouvellement chaque année par *cinquième;* enfin l'on y regrettait que la Chambre n'eût pas écrit au frontispice de la Charte que le principe de toute souveraineté réside essentiellement dans la nation, plutôt que de reléguer timidement cette déclaration dans une loi pénale sur les attaques faites à l'autorité du roi.

Le troisième chapitre contenait des remarques sur la différence et les contrastes d'origine et de conditions dans l'élection des députés actuels; il marquait le *thermomètre* de la Chambre, le siége de sa majorité, la marche et l'esprit de ses délibérations; et plusieurs de ses actes y étaient librement observés.

L'auteur a cru devoir supprimer les deux premiers chapitres, pour respecter des *faits accomplis* et ne pas rouvrir des débats indiscrets.

Quant au troisième chapitre, il a pensé que ce n'était pas au moment où la Chambre est appelée à délibérer sur des lois de finance et de défense générale, ainsi que sur d'autres lois politiques, qu'il serait prudent de l'indisposer dans ses votes.

Ce n'est pas que l'auteur manque de franchise et de courage. Il ne croit pas, comme *Fontenelle*, qu'il faille fermer la main, lorsqu'elle est pleine de vérités, mais il juge que l'on ne doit pas l'ouvrir sans opportunité, et que la vérité, semée à contre-temps, ne produit point.

Le retranchement de ces trois chapitres explique comment l'auteur entre dans son sujet de prime-abord et sans exorde.

QUESTIONS POLITIQUES.

DE LA PAIRIE.

La Charte de Louis XVIII, en instituant une Chambre des pairs, ne nous apprend nullement ce que sont les pairs. Le préambule de la Charte octroyée avertissait seulement que le roi avait cherché les principes de la Charte constitutionnelle dans le caractère français et dans les monuments vénérables des siècles passés. « Ainsi, ajoutait le préambule, nous avons vu dans le *renouvellement de la pairie*, une *institution* vraiment nationale, et qui doit lier tous les *souvenirs* à toutes les *espérances*, en réunissant les temps anciens et les temps modernes. » Le roi revient complaisamment sur cette pensée de « *renouer la chaîne des temps*, que de funestes écarts avaient interrompue. »

Je trouve déjà dans ces explications la critique de l'institution de la Chambre des pairs, et une forte objection contre l'hérédité de la pairie. En effet, si Louis XVIII a vu dans le renouvellement de la pairie une *institution qui doit lier tous les souvenirs à toutes les espérances*, en réunissant les temps anciens et les temps modernes; en cherchant à renouer la chaîne des temps que de funestes écarts avaient interrompue, nous voilà suffisamment avertis. C'est l'ancienne pairie qu'il a voulu rappeler ; c'est la pairie *féodale* qu'il a voulu renouveler, non de prime-abord, mais avec l'aide du *temps*, des *souvenirs* et des *espérances*. Quelles étaient donc les fonctions des pairs féodaux ? Les pairs de France avaient été créés pour soutenir la couronne, comme les électeurs en Allemagne furent établis pour le soutien de l'empire. Au sacre du roi, les pairs faisaient une fonction royale ; ils y représentaient la monarchie, et y paraissaient avec l'habit royal et la couronne en tête. Ils soutenaient tous ensemble la couronne du roi, et c'étaient eux qui recevaient le serment qu'il faisait d'être le *protecteur de l'Église* et de ses droits. Les pairs étaient aussi près du roi, lorsqu'il tenait ses états-généraux ; mais la principale cause pour laquelle ils furent institués, a été pour assister le roi de leurs conseils dans les affaires les plus difficiles, et pour lui aider à rendre la justice dans sa cour. Cette cour du roi était au commencement distincte des parlements généraux, mais plus tard la cour du roi ou des pairs et le parlement de Paris furent unis, et ne firent plus qu'un seul et même tribunal. C'est pourquoi depuis ce temps, le parlement de Paris avait été qualifié de *cour de France*, *cour du roi* ou *cour des pairs*. Ainsi les duchés-pairies étaient tout à la fois de grands offices de la couronne, des fiefs de dignité et des droits de justice de premier ordre. Il faut convenir que les fonctions de la Chambre des pairs ne sont plus les mêmes aujourd'hui, et que cette Chambre ne conserve de juridiction et ne devient cour de justice que pour les ministres prévenus de haute trahison et d'attentat à la sûreté de l'État, et pour ses propres membres, dont l'accusation et le jugement lui ont été réservés. Mais si la pairie n'est plus *féodale*, si ses attributions, ses droits, ses distinctions, ses prérogatives ne sont plus les mêmes, pourquoi donc avait-on donné le nom de *pairs* à cette portion de la puissance législative? Il faut le dire et surtout le redouter, puisque l'aveu en a été fait par l'auteur même de la Charte; c'était pour *renouveler la pairie*; c'était pour lier tous les *souvenirs* à toutes les *espérances*, en réunissant les *temps anciens* et les *temps modernes*; c'était enfin pour *renouer la chaîne des temps*, que de funestes écarts avaient *interrompue*.

Et déjà un anneau de cette chaîne n'avait-il pas été renoué par le *banc des évêques*, qui fesait comme des *pairs ecclésiastiques?*

Un autre anneau ne fut pas si heureusement soudé, lors de la cérémonie du sacre de Charles X à Rheims. Des pairs de France y ont assisté, mais à d'autres titres que celui de pairs : l'un était le grand maître de France, l'autre le grand chambellan; celui-ci le premier gentilhomme de la Chambre, celui-là le connétable. Aucuns pairs de France n'y ont soutenu la couronne; c'est l'archevêque de Rheims qui a remis le sceptre entre les mains de Charles X, c'est aussi M. de Latil qui a remis au roi le *glaive*, en lui recommandant bien de s'en servir bravement et avec confiance contre ses ennemis et ses sujets.

Cependant une question principale subsiste : les membres de la Chambre des pairs seront-ils *héréditaires*, ou seulement inamovibles et à vie?

Cette question doit surtout se résoudre d'après le principe du gouvernement. Louis XVIII, dans le préambule de sa Charte *octroyée*, rappelait que l'autorité tout entière résidait en France, dans la *personne du roi*, et que ce n'était qu'à l'exemple des rois ses prédécesseurs, qu'il n'hésitait pas à en modifier l'exercice. Il déclarait ainsi implicitement qu'il régnait et par *droit de naissance* et par le *droit divin*. Louis-Philippe, au contraire, a accepté de la Chambre des députés le pacte social, et bien que la Charte restaurée ne dise point du tout qu'il tienne de la souveraineté du peuple son titre de roi, il y a lieu de croire que cette source du pouvoir royal est suffisamment reconnue. Il en résulte nécessairement que la pairie n'est plus *féodale*, et que sa fonction principale n'est plus de soutenir le trône et l'autel. La Chambre des pairs, selon la Charte, est une *portion essentielle de la puissance législative*, mais on ne comprend pas même pourquoi cette *redite* a été conservée dans la Charte amendée, tandis que l'article 15 porte déjà que la puissance législative s'exerce collectivement par le roi, la Chambre des députés et la *Chambre des pairs*. Il eût donc fallu répéter aussi que la Chambre des députés est une *portion essentielle de la puissance législative;* mais malgré ce pléonasme particulier à la Chambre des pairs, les fonctions de cette Chambre sont fixées et ne peuvent s'étendre au-delà de leurs limites.

Avec un roi *de France et de Navarre, par la grâce de Dieu,* qui datait de l'an de grâce, et de son règne *le dix-neuvième,* tandis que la France avait été gouvernée sans roi pendant sept ans, et que Napoléon avait daté plus réellement de son règne pendant quatorze ans; avec un roi de France tel que Charles X, qui se complaisait dans le titre de *chevalier français* et de *premier gentilhomme de son royaume,* les prétentions des pairs à l'hérédité pouvaient encore se comprendre; mais avec le *roi des Français* par la loi constitutionnelle de l'État, la pairie *héréditaire* serait une anomalie inintelligible; elle serait un anachronisme, un non-sens.

La pairie même *viagère,* l'Assemblée constituante n'osa point l'instituer sous Louis XVI, par cela même que le titre du monarque était aussi celui de *roi des Français;* et M. Mounier, pour avoir soutenu de sa dialectique pressante le projet d'organisation législative en deux Chambres, présenté au nom du comité de constitution par

M. Lalli-Tollendal, perdit toute sa popularité, et fut obligé de donner sa démission, après le rejet de ce plan.

La constitution décrétée par le sénat conservateur le 6 avril 1814, rendait, il est vrai, la dignité de sénateur inamovible et *héréditaire* (1); mais les sénateurs se montrèrent tellement personnels et intéressés dans cet acte, qu'ils y avaient érigé en principe et en statut que la dotation actuelle du sénat et des sénatoreries leur appartenait. Cette cupidité, qui avait justement blessé la délicatesse nationale, fournit un prétexte à nos maîtres, les souverains étrangers, de rejeter dans l'œuvre du sénat une constitution assez bonne en elle-même, et qui nous eût préservés du malheur de la restauration.

Les sénateurs que Napoléon avait improvisés tous de grands hommes, en leur décernant les honneurs du Panthéon après leur mort (2), furent jaloux aussi de saisir cette occasion de transmettre leur dignité à leur progéniture.

La Chambre des *représentants*, qui a fait aussi un acte constitutionnel le 29 juin 1815, rendait,

(1) D'après une notice historique, au recueil de *Rapports, Opinions et Discours* prononcés à la *tribune nationale* (tom. XX, pag. 496), le projet de la constitution, décrétée par le sénat, ne dotait pas les sénateurs de l'*hérédité*, qui ne fut accordée qu'aux instances de M. l'abbé de *Montesquiou*.

(2) On connaît cette anecdote de sensibilité de M. C**.

je l'avoue, les pairs *héréditaires*, et sans doute *Manuel*, à qui ce projet est attribué, dut faire cette concession aux autres membres de la commission ; mais du moins ce projet, en instituant l'hérédité de la pairie, abolissait la noblesse ancienne et nouvelle, ainsi que les titres et dénominations féodales.

Ce fut une malheureuse initiative que prit la Chambre des représentants sur l'hérédité de la pairie, car Louis XVIII qui, en octroyant la Charte, n'avait pas fait une condition nécessaire de l'*hérédité* de la pairie, et s'était réservé le droit de nommer les pairs *à vie* ou de les rendre *héréditaires* selon sa volonté, s'empressa à son second retour en France, après sa fuite à Gand, de rendre la dignité de pair *héréditaire*, tant pour les pairs actuels, que pour ceux qu'il nommerait à l'avenir.

On pourrait remarquer que Louis XVIII, d'après les termes de son ordonnance du 19 août 1815, ne parle que des pairs que *nous nommerons à l'avenir*, et qu'ainsi il n'engageait point ses successeurs, mais il serait inutile de nous arrêter sur cette distinction.

Les motifs de cette ordonnance, vagues et insignifiants, sont les mêmes que l'on fera sans

de R**. Il vendit sa maison, près du jardin du Luxembourg, parce qu'il lui était trop pénible d'avoir en perspective le dôme du Panthéon, où ses cendres devaient être déposées.

doute valoir aujourd'hui. Il s'agissait de fonder de la manière la plus stable les institutions; rien ne consolide plus le repos des États que cette hérédité de sentiments qui s'attache dans les familles à l'hérédité des hautes fonctions publiques, et qui crée ainsi une succession non interrompue de sujets dont la fidélité et le dévouement au prince et à la patrie sont garantis par les principes et les exemples qu'ils ont reçus de leurs pères.

On voit que toutes ces considérations étaient prises dans l'intérêt dominant de la légitimité, et aujourd'hui que le monarque a été élevé sur le pavois par le vœu de la nation, aujourd'hui que pour les Français,

« Le roi qu'un peuple nomme est le seul légitime (1), »

nous laisserions-nous encore séduire par ces lieux communs réchauffés de la légitimité?

En 1660, le roi Charles II, en rentrant en Angleterre, approuva le statut de la treizième année de son règne, qui rétablissait par une même loi la *royauté* et la *pairie*, comme étant inséparables; mais, prenez-y garde, ce fut aussi une loi de *restauration* dont Louis XVIII n'a été que le plagiaire, et la pairie d'Angleterre ne serait sans doute pas réinstituée aujourd'hui, si les Anglais avaient, comme nous, à réviser cette

(1) Vers de MM. Méry et Barthélemy.

partie de leurs institutions. La pairie est d'ailleurs la seule noblesse reconnue dans les trois royaumes, si cette dignité ne doit pas être même considérée comme une haute magistrature héréditaire.

Objectera-t-on que la pairie héréditaire est nécessaire, parce qu'elle sera portée à défendre le trône ? Montesquieu l'a dit de la noblesse, et il en donne cet exemple, que lorsque *Philippe II* fit entendre aux oreilles des Français le mot de liberté, la couronne fut toujours soutenue par cette noblesse, qui tient à honneur d'obéir à un roi, mais.... (c'est avec Montesquieu que j'achève) *qui regarde comme la souveraine infamie de partager la puissance avec le peuple.* Mes lecteurs l'ont entendu, il faut l'hérédité aux pairs, parce qu'autrement ils ne voudraient pas partager avec la Chambre des députés, avec la Chambre des communes, la puissance législative.

Mais est-il donc vrai que les pairs et les nobles soient toujours portés à défendre le trône ? Toute l'histoire de France dépose contre cette assertion, mais je ne prendrai les exemples que dans l'histoire de notre temps. La noblesse a-t-elle défendu le trône de Louis XVI ? Lisez l'histoire de la révolution, l'histoire de l'émigration, et interrogez surtout les mânes de Louis XVI. Les sénateurs, qui représentaient les pairs, les nobles de l'empire ont-ils défendu le trône de Napoléon ? C'est le sénat qui, après l'occupation de Paris, établit un gouvernement provisoire, prononce la déchéance de Bonaparte et de sa famille, rappelle les Bourbons, confère au comte d'Artois le gouvernement provisoire, sous le titre de lieutenant général du royaume, obtient du roi une audience à Saint-Ouen; et, pour récompense d'avoir hâté son retour dans ses États, reçoit, à titre de pension et leur vie durant, une rente annuelle de 36,000 fr. pour chacun de ses membres, et de 6,000 fr. pour leurs veuves. Tels ont été les derniers services du sénat pour le trône de Napoléon, telle a été aussi la récompense de ses travaux. Un très-grand nombre de sénateurs sont d'ailleurs entrés dans la Chambre des pairs de France, et ces *fidèles sujets* de la nouvelle majesté sont allés déposer au pied de son trône le tribut de la plus juste reconnaissance pour le double et inappréciable bienfait d'une paix *glorieuse* à la France et d'une constitution régénératrice (1).

On dira sans doute que c'est par cela même que les sénateurs n'étaient pas héréditaires, qu'ils ont été félons. Voyons donc pour les pairs héréditaires. La Chambre des pairs a adopté, dans sa séance du 7 août, la résolution de la Chambre des députés qui avait déclaré le trône vacant et y avait appelé le duc d'Orléans, et elle est allée présenter au roi des Français ses hommages et

(1) Texte de l'Adresse.

son adhésion à son avénement. C'est ainsi que les pairs qui, au sacre de Rheims, avaient dû promettre de soutenir la couronne de Charles X, ont laissé tomber cette couronne sans la défendre. C'est par cela même cette fois-ci qu'ils comptaient sur l'*hérédité* qu'ils ont laissé renverser Charles X, et qu'ils ne se sont pas souciés de reconnaître roi son petit-fils, sous le nom de Henri V. On leur a dit que le trône était vacant et qu'il y avait un roi des Français, et avant que le héraut d'armes ne proclamât Louis-Philippe Ier, ils ont crié *Vive le roi! e sempre bene* (1).

C'est ainsi que ce sont successivement montrés les nobles et les pairs sous Louis XVI, les sénateurs de l'empire et les pairs de France sous Napoléon et Charles X. Je ne fais pas de déclamations, je raconte l'histoire, et chacun de mes contemporains a vu ce que je rappelle.

Quels seront donc désormais les champions et les défenseurs du trône? Ah! un roi qui naguère encore déclarait qu'il *n'aurait jamais accepté la couronne si, pour la porter, il eût fallu cesser d'être citoyen, d'être patriote, d'être ami*

(1) On jugera bien que je ne blâme point MM. les pairs d'avoir prêté serment de fidélité au *roi des Français*, mais je disserte d'après un système. Peut-être aussi MM. les pairs, après la prestation de ce serment, eussent-ils dû résigner leurs fonctions, comme n'étant plus dans les conditions de leur institution, d'après la Charte amendée qui soumet l'art. 27 à un nouvel examen.

de la liberté, comme il l'a été toute sa vie, car aucune considération ne lui aurait fait renoncer à cette triple qualité (1), un tel prince n'a pas besoin de nobles ni de pairs qui défendent son trône. Sa couronne est de fer, et tant que le peuple la soutiendra, aucune puissance humaine ne pourra l'arracher du front de la nouvelle dynastie française.

L'hérédité de la pairie serait donc aujourd'hui sans objet.

Argumentons cependant dans le système de l'hérédité. Les pairs devraient être tous indépendants par la fortune. Dans les idées de féodalité, ils devraient être des terriens assez riches pour prêter au roi ; et la plupart de ceux actuels n'hésitent pas à recevoir le secours de 24,000 francs de pension viagère, transmissible avec la pairie jusqu'à concurrence de 12,000 francs. Il faudra donc que l'État fasse la fortune des pairs héréditaires, et cela n'est pas impossible avec des contributions publiques trempées des sueurs de l'artisan et du laboureur.

Examinons aussi les pairs dans la qualité de *nobles* qu'ils ont déjà ou dans celle qui est nécessaire et accessoire à leur dignité. Les membres de la Chambre des pairs, nobles pour la plupart

(1) Réponse du roi à . . . .

lorsqu'ils y sont appelés et qui le deviennent alors, s'ils ne l'étaient pas, ont déjà la prérogative d'une noblesse *héréditaire*. Est-il donc indispensable de les doter aussi de l'hérédité de la pairie ? Si la Charte n'eût pas consacré la noblesse, si, ce qui est pire encore, elle n'eût pas distingué entre la noblesse *ancienne* et la *nouvelle*, ce qui portera le germe des rivalités et des divisions dans la Chambre des pairs, comme dans la société, je concevrais que les pairs *seuls* devant être *nobles* en France on réclâmât aussi pour eux l'hérédité de la pairie ; mais accorder cette hérédité aux pairs qui tous sont déjà nobles héréditaires, la prérogative me paraît exorbitante.

Tous les anciens pairs de France étaient ducs. En sera-t-il de même aujourd'hui ? Le roi, qui fait des nobles à volonté, peut, je le sais, accorder à tous les pairs le rang et les honneurs de la duché-pairie ; mais la duché-pairie est aussi usée que la simple noblesse. Le prestige des titres s'est évanoui en France pour jamais. Pour faire renaître ce prestige, que le gouvernement donne donc la foi féodale, s'il le peut. Mais ce ne sera pas lui-même qui croira, ce ne sera pas vous ni moi qui croirons. Je conçois qu'un avocat devienne membre du corps législatif, ministre, voire même *consul* et *archichancelier*, lorsque nous avions des consuls et des archichanceliers ; mais *duc* et *pair*, mais *prince*, je ne le croyais pas lors même que cela était. J'honore toutes les professions et surtout la mienne; mais c'est pour cela que je ne veux pas qu'on les dégrade par un anoblissement trop brusque ou trop disparate. Cincinnatus a été pris à la charrue, et ce ne fut pas pour le faire noble, mais pour lui faire commander l'armée de la république. Nous avons vu de nos jours des soldats *passer roi*, et c'était bien.

« Le premier qui fut roi fut un soldat heureux, »

et l'habit d'un soldat ne dépare pas un roi; mais on n'improvise pas ainsi des ducs et pairs. Je sais que toute noblesse a eu son lendemain, mais qu'est-ce aussi qu'une noblesse de la veille? C'est par amour même de l'égalité que je serais choqué d'une telle distinction dans l'un de mes semblables, loin de m'en honorer, parce que je regarderais cet anoblissement comme une parodie de la noblesse et une insulte à l'égalité. Si vous m'objectez qu'après l'abolition du régime féodal et des titres honorifiques, de nouveaux duchés transmissibles héréditairement par ordre de primogéniture, ont été créés en Italie et à Dantzick par Napoléon, je vous demanderai encore si les titulaires de ces duchés ont pu empêcher le renversement du trône impérial? On doit observer aussi que l'empereur, honteux en quelque sorte, de cette création de duchés, avait soin de débaptiser leurs titulaires, et de ne point placer le siége de ces duchés dans l'ancienne France, mais dans des pays conquis érigés en fiefs de l'empire. Et malgré la gloire militaire dont quelques-uns de ces titulaires étaient environnés, le prestige du titre allait s'affaiblissant, le nom patronimique revenait toujours, et l'empereur lui-même paraissait faire des mystifications, en échangeant à l'un de ses généraux le nom de *beau soleil* contre celui de *Bellune*. On veut à tout prix une aristocratie politique, mais il faut qu'on la prenne dans ses éléments, où elle est possible, et je ne la trouve plus dans la pairie. La noblesse, je ne peux trop le répéter, est devenue antipathique avec le caractère français. Qu'un pair de France, même héréditaire, un duc et pair, si vous le voulez, se hasarde à marcher à pied dans la rue, chamarré de tous ses insignes, le manteau aux épaules, la plume en tête et l'épée au côté, vous verrez si quelque artisan lui cède le pavé. Le charbonnier qui veut marcher librement dans la rue, comme il est *maître chez lui*, ne se dérangera pas même. Les enfants n'insulteront pas monsieur le duc et pair, mais ils s'amuseront de son oripeau, et prendront sa personne pour l'une de celles à qui la police, dans une certaine saison de l'année, permet de courir les rues, sous un travestissement.

Si vous insistez et me dites qu'il faut des pairs et qu'ils doivent être *héréditaires*, parce qu'ils le sont par leur nature, et que d'ailleurs il faut qu'ils aient un grand intérêt à conserver leurs prérogatives de *nobles*, odieuses par elles-mêmes, et qui dans un état libre, doivent toujours être en danger, je vous répondrai par l'article actuel de la Charte de Louis XVIII, qui ne fait pas de l'*hérédité*, une condition nécessaire.

Louis XVIII, en instituant une Chambre des pairs, avait lui-même apprécié les progrès toujours croissants des lumières, les rapports nouveaux que ces progrès ont introduits dans la société, la direction imprimée aux esprits depuis un demi-siècle, et les graves altérations, si l'on veut, qui en sont résultées. Le roi, avait-il dit, peut nommer les pairs à vie ou les rendre héréditaires, selon sa volonté. Et si Louis XVIII eut d'abord ce ménagement pour le caractère français, alors qu'il procédait et par droit de naissance et par le droit divin, que ne doit-il pas en être maintenant? Tous les Français aujourd'hui veulent être *pairs*, c'est-à-dire égaux. Lorsqu'une société est nouvelle, on peut oser plus, mais dans une vieille société comme la nôtre, où tout ce qu'il y avait autrefois de plus respectable sur la terre a été analysé; dans une civilisation si avancée, qu'il n'y a plus rien d'idéal, plus d'illusion, de prestige, de préjugés, ce ne sont pas les lois qui font les mœurs, mais les mœurs qui font les lois. Or, la noblesse, la pairie, l'hérédité, qui avaient leurs racines dans le régime féodal et dans les croyances de la religion ou de l'histoire ne sont plus du tout dans nos mœurs, qui exigent le droit commun.

Il faudrait donc, si la Charte restaurée le permet, abandonner le titre de Chambre *des pairs*, pour y substituer la dénomination de *Chambre haute*, seule convenable, depuis que les sénatus-consulte du consulat et de l'empire ont flétri à jamais celle de *sénat*.

Je ne vais pas, comme on le voit, jusqu'à prétendre avec Jérémie *Bentham*, qu'une seconde Chambre, n'importe sous quel nom, avec une Chambre de députés ou un corps législatif, soit inutile, dangereuse et propre seulement à faire perdre du temps. On peut défendre cette théorie jusqu'à un certain point; mais il me suffit que la Charte institue deux Chambres, pour que je doive rester neutre sur ce système. C'est ici le lieu de reconnaître que la Chambre des pairs a à réclamer l'honneur de quelques belles lois, et que nous lui devons entre autres celle du *jury*.

Bornons-nous donc à saisir l'occasion de supprimer une Chambre de pairs héréditaires, une Chambre des *seigneurs*, propre à faire revivre l'oligarchie nobiliaire. C'est une *Chambre haute*, dont les membres seraient nommés à vie, qu'il faut à la France. Appelez-y vos nobles et vos ducs, rien n'empêche, mais garnissez-la aussi de tous les citoyens les plus recommandables du royaume.

D'après le projet du comité de constitution de la première assemblée nationale, la Chambre haute était considérée comme une magistrature politique et judiciaire, inhérente seulement à la *personne*, et elle eût été composée de citoyens de toutes les classes, à qui leurs talents, leurs services, leurs vertus en auraient ouvert l'entrée. « Il est un *principe* qui, selon le rapporteur, devait passer avant tout, c'est que cette dignité, entraînant des fonctions nationales, ne peut être conférée *sans le concours de la nation*. » La nomination des membres de la Chambre haute doit donc être partagée entre le roi et la Chambre des députés, de manière à ce que le roi choisisse un individu, sur la présentation qui serait faite de plusieurs, et pour ne pas donner à la couronne une influence pareille à celle de la totalité des nominations au même instant, la première nomination, si la Chambre actuelle des pairs doit être renouvelée, devra être faite par la Chambre des députés avec la simple ratification du roi.

Le nombre des membres de la Chambre haute ne doit pas rester indéfini, et il doit être limité pour ne pas être exposé de nouveau dans la suite à ces *foirnées* de pairs dont nous avons subi plusieurs fois le scandale. Je propose de fixer à *deux cents* le nombre des membres de la Chambre haute.

Voilà les dispositions fondamentales, mais pour conserver toujours, ainsi qu'il est d'usage parmi nous, des *fonds* de chambre, et ne pas effrayer ce que l'on appelle les intérêts de position, les existences acquises, comme aussi pour me conformer à la Charte, je me hâte de dire que les pairs actuels seraient maintenus dans la Chambre haute, et que ceux qui mourraient ne seraient pas remplacés, jusqu'à la réduction au nombre de deux cents.

Tout ce que je propose sur la non-hérédité des membres de la Chambre haute, et sur leur élection coopérée par la Chambre des députés et par le roi, avait été expressément proposé en 1789 par le comité de constitution de l'Assemblée nationale, et l'on trouve dans le rapport de M. Lalli-Tollendal, ainsi que dans les discours des cinquante orateurs entendus en cette matière, tous les arguments nécessaires pour reprendre aujourd'hui lumineusement la discussion et bien résoudre la question.

J'aime à croire que la Chambre des députés de 1831, car c'est elle qui décidera souverainement, et sans doute la Chambre des pairs déclarera qu'elle ne peut délibérer, et s'en rapportera seulement sur ce sujet à la haute prudence de la Chambre élective; j'aime à croire, dis-je, que la Chambre des députés ne voudra pas se montrer moins libérale que l'Assemblée constituante, et plus aristocratique que M. Lalli-Tollendal.

Pour apporter un caractère éprouvé à la Chambre haute, il est nécessaire que la nomination de ses membres soit une récompense déjà méritée et non un encouragement donné au hasard, encore moins une faveur arbitraire. Avoir défendu la patrie, l'avoir servie ou honorée, voilà trois conditions auxquelles peuvent se rapporter tous les genres d'actions, de courage, de vertus et de talents. Il s'agit de placer le candidat dans l'une de ces trois conditions, et de la lui appliquer par l'espèce de mérite qui lui est le plus propre. Je désire donc que la Chambre des députés motive la présentation de ses candidats à la Chambre haute sur un service principal, et je ne fais que renouveler sur ce point une ancienne proposition (1).

Les noms historiques ne sont plus exclusivement dans les anciennes familles féodales ; depuis 1789 nous avons des noms glorieux et nationaux, et la liste des membres de la Chambre haute serait le *livre d'or* de la France.

En statuant définitivement sur l'institution de la Chambre des pairs et sur la composition de celle des députés, il y aura opportunité pour constituer enfin le *gouvernement parlementaire*, qui se compose du roi, de la Chambre haute et de celle des communes. Le nom de *parlement français*, ainsi appliqué et entendu, facilitera la langue politique, et unira mieux dans les esprits

______

(1) *Observations d'ordre* sur l'élection des candidats à présenter au sénat conservateur. Séance du tribunat du 4 frimaire an IX ; imprimerie nationale.

l'idée des rapports des Chambres entre elles et envers le roi.

DE LA LOI ÉLECTORALE.

La loi électorale est le principe vital du gouvernement représentatif. La Charte de Louis XVIII portait en elle un germe de mort, en ce qu'elle ne faisait représenter à la Chambre des députés, qui n'étaient pas non plus des *représentants*, trente-deux millions d'hommes, que par quatre-vingt mille électeurs. Cette Charte, par l'âge des électeurs et des éligibles, ainsi que par la contribution qu'elle avait exigée des uns et des autres, avait aristocratisé la nation et la Chambre des députés, de manière à ce que le vœu populaire ne pût jamais être exprimé, ni dans les élections, ni dans les discussions de la Chambre. Le peuple le plus digne d'être libre avait des ilotes et les riches seuls des défenseurs. Aussi dégrévait-on alors l'impôt foncier de préférence à tout autre? Le temps est arrivé d'obtenir une loi électorale dont la base soit assez large pour représenter franchement tous les intérêts, et satisfaire aux besoins de l'époque et aux progrès de la civilisation.

Tels sont mon respect et mon admiration pour les principes et les travaux de notre première assemblée constituante, que je désirerais que nous eussions pour la nomination des députés, des assemblées primaires et des assemblées électorales.

Cependant l'élection immédiate paraît aujour-
d'hui préférable à la plupart de nos meilleurs
publicistes, et je cède sur ce point à leur opinion.
L'élection sera donc directe par des électeurs à
un seul degré. Outre les conditions généralement
convenues, je propose que ceux qui paient dans
un lieu quelconque du royaume une contribution
directe de 200 francs soient électeurs. Seront
aussi électeurs, sans condition du paiement du
cens politique, tous ceux qui formeront la seconde
liste du jury.

Il n'y aura qu'une assemblée électorale par département. La réunion de tous les électeurs en
un seul collége est le plus sûr moyen d'obtenir
de bons députés. Dans une assemblée nombreuse,
le mérite surgit, l'homme spécial, l'homme com-
plet dominent, comme un chêne élève sa cime
au-dessus des arbres de la forêt. Il y a concurrence, contact, frottement entre les candidats, et
le plus capable, le plus digne est presque toujours
élu. Les hommes médiocres, au contraire, ont plus
de chances dans les colléges d'arrondissement, où
quelquefois les députés sont nommés aussi facile-
ment et avec le même laisser-aller que les man-
dataires d'une *assemblée de famille*, grâces surtout aux circonscriptions actuelles, par lesquelles
on a voulu former comme des fiefs électoraux,
au profit de certains hommes de l'aristocratie.
Plusieurs de ces candidats recherchent la qualité
de député, comme une position sociale, les autres

comme un état, quelques-uns même comme un métier. On a ainsi des députés et point de légis-lateurs.

En vain prétendrait-on qu'une seule assemblée électorale de département aurait l'inconvénient d'être dominée par le chef-lieu, je n'admets pas l'objection, et je comprends mal comment les électeurs du chef-lieu, si inférieurs en nombre à ceux de quatre à cinq arrondissements de sous-préfectures dont un département se compose, parviendraient à se rendre maîtres des élections. Il me semble même qu'il y aurait plus de proba-bilités à craindre que les électeurs des autres ar-rondissements n'enlevassent la candidature à l'ar-rondissement du chef-lieu. Il serait facile d'ailleurs pour combattre l'influence prétendue du chef-lieu, d'ordonner que les assemblées électorales se réuniraient alternativement dans deux ou trois villes du département. Cependant, si les élec-tions par arrondissement subsistaient, la première disposition à prendre serait d'abolir ces circons-criptions absurdes et machiavéliques, mais il vaudrait mieux encore avoir le courage de sup-primer les élections d'arrondissement, comme étant trop favorables à l'influence des localités. En politique et en administration, il faut élargir en quelque sorte la capacité avec le territoire, et ne pas craindre de réunir un grand nombre d'hommes, plutôt que de les diviser. L'homme supérieur se rapetisse, lorsqu'il place son opinion dans une coterie, comme à fond perdu.

Cependant si l'on jugeait qu'une seule assemblée électorale fût trop nombreuse, ce dont je n'ai pas la crainte, on pourrait la diviser en deux ou trois grandes circonscriptions ou colléges dont les chefs-lieux seraient déterminés, et les votes recensés au collége du chef-lieu du département.

Je n'ai porté à *deux cents francs* le cens électoral que pour affranchir de toute contribution l'éligibilité. On annonce que l'on réduira le cens de l'électorat à deux cent cinquante francs, et celui de l'éligibilité à cinq cents francs. Cette transaction avec le principe d'aucune condition d'éligibilité me paraît pusillanime. S'il s'agissait de supprimer le cens politique de l'électorat, je concevrais que l'on pût s'effrayer de la pente rapide vers la démocratie que cette suppression donnerait à la Charte; j'excuserais même que l'on vît dans cette suppression le prélude d'une loi agraire, toujours chimérique; mais la seule garantie du député envers la cité doit être dans les électeurs; s'il est vrai que les peuples libres ne connaissent d'autres motifs de préférence dans leurs élections que les vertus et les talents. Ne craignez point non plus qu'il y ait dans la Chambre une irruption de prolétaires, et quoique le principe de la loi fût général, elle deviendrait bien certainement une loi d'exception, et rien ne serait plus rare que des députés non propriétaires. Que l'on maintienne donc, si l'on veut pour les électeurs, la contribution actuelle de trois cents francs; que l'on l'augmente même jusques aux cinq cents francs que l'on est disposé à exiger des éligibles, mais du moins que tous les Français âgés de trente ans puissent en principe être élus députés, sans condition de contribution.

En accordant une juste importance au cens électoral, je ne veux pas pour cela y mettre trop de prix, et je ne reconnais pas que la propriété et la richesse puissent former à elles seules une capacité.

J'ai examiné ailleurs (1) quelles peuvent être les prérogatives de la propriété territoriale en elle-même, et je me suis refusé à reconnaître aucune supériorité au propriétaire foncier sur le possesseur mobiliaire, dans l'amour de la patrie et l'attachement au sol. Je persévère dans la conviction des motifs par lesquels j'ai combattu la prééminence que les préjugés vulgaires attachent encore à la propriété territoriale.

Par les révolutions politiques, a-t-on coutume de dire, *le sol tremble*, de même que lors des révolutions de la nature. Si le sol tremble lors des révolutions politiques, du moins il ne s'engloutit

(1) *Du Régime municipal* et de *l'Administration* du département, pag. 227 et suivantes. Paris, 1818, *B rois l'aîné.*

point, comme lors de l'éruption des volcans et des tremblements de terre. En vain les armées et les batailles dévastent les champs, la terre demeure, et en même temps elles l'engraissent et la fertilisent.

Si les produits dont la terre est garnie périssent, ce n'est que la perte de fruits naturels et reproductibles, cas fortuits dont le fermier est ordinairement chargé par une stipulation expresse. Tels sont les conditions et les avantages de la propriété territoriale. Mais une usine, des machines qui sont détruites, peuvent ruiner. Les marchandises de l'entrepôt d'Anvers ont été consumées par le bombardement ordonné contre ses sujets, par le roi Guillaume. Le rentier même peut être réduit à la mendicité, si dans un pillage on détruit ses titres, ses inscriptions de rente et jusqu'au grand livre du trésor public. Que les propriétaires territoriaux, les grands terriens, qui ne risquent jamais par les révolutions politiques de perdre leurs propriétés foncières, cessent donc de se dire plus attachés à la patrie et plus intéressés à l'ordre public et à la paix de l'État. L'histoire de nos révolutions et de l'émigration leur donnent sur ces prétentions un démenti authentique.

Il n'y a véritablement qu'une propriété, qui est le droit par lequel une chose appartient en propre à quelqu'un, et le législateur ne doit pas distinguer entre diverses sortes de propriétés, en matière d'élections, car elles lui offrent toutes la même garantie, si même on ne peut soutenir que celle qui résulte de la propriété non territoriale est plus grande et plus forte.

J'avais aussi invoqué pour l'éligibilité, dans le cas où elle resterait astreinte à une contribution pécuniaire, les droits des *capacités sociales*, ainsi que la loi les a à peu près reconnues pour la formation de la seconde liste du jury.

Je refuse cependant aux notaires, aux avoués et aux agents de change le titre de *savants*, car je ne crois pas que ces divers fonctionnaires fassent profession d'une science, mais ce sont des officiers publics recommandables dans l'ordre social.

Les *légistes* sont, sans contredit, des savants, et je crois que Saint-Simon a tort, dans son catéchisme, de les exclure de la classe des industriels, comme n'étant pas *producteurs*.

En soutenant qu'il y a une contribution publique *du génie* et *du talent*, qui doit jouir de tous les droits, de toutes les prérogatives de la propriété, j'allais jusqu'à prétendre qu'il y a aussi une propriété *personnelle*, c'est-à-dire des noms assez glorieux et assez honorables pour tenir lieu de contribution publique, et cette théorie n'est pas dangereuse, parce que son application serait fort rare.

Toujours est-il qu'il faut reconnaître aujourd'hui que les éligibles ne doivent pas être nécessairement des contribuables, que la responsabilité qui est dans les électeurs suffit, et qu'il ne doit être imposé d'autre garantie à un député que l'épreuve de son élection.

Il sera donc rationnel d'accorder désormais aux membres de la Chambre des députés une indemnité convenable pour leurs frais de voyage et de séjour, et il est bien plus étrange et autrement dangereux de doter d'une pension viagère ou perpétuelle les membres de la Chambre des pairs. J'ai depuis long-temps examiné la question d'une indemnité à accorder à nos députés, et je l'ai trouvée résolue très-judicieusement par cette réflexion de B. Francklin : « Les membres du congrès n'ont pas d'appointements considérables, mais une indemnité journalière qui suffit à peine pour couvrir leurs dépenses, de sorte que n'ayant point la chance des grandes places, ni d'appointements ou de pensions considérables, comme dans certains pays, la corruption et la brigue n'influent pas sur les élections (1). » C'est précisément cette chance de grandes places, d'appointements ou de pensions, qui a porté nos aristocrates de richesses à trancher dans l'une de nos premières lois d'élections que les membres de la Chambre des députés ne recevraient ni traitement, ni indemnité, certains qu'ils étaient de s'en dédommager sur le budget, sur les emprunts pour l'invasion et sur

(1) *Correspondance choisie* de B. Francklin, pag. 272.

le milliard des émigrés. Ils y trouvaient en même temps l'avantage d'exclure ainsi de la Chambre les hommes qui n'avaient d'autre richesse que leur probité et de diminuer le nombre des députés vraiment indépendants, qui les eussent surveillés et peut-être fait rougir de leur corruption.

Le *domicile politique* a des abus. Les règles de ce domicile sont établies dans le décret impérial du 17 janvier 1806. Elles doivent être révisées, et si l'on maintient le domicile politique, il faut en supprimer les abus.

J'avais cru que pour chercher à rendre les prêtres *citoyens*, on devait en quelque sorte les forcer d'entrer dans la cité plutôt que de les en exclure, mais je dois rétracter ici cette opinion (1). Les prêtres, par cela seul qu'ils obéissent à un chef étranger, ne peuvent être citoyens. Il y aurait aussi trop de danger à conférer les droits civiques aux ministres des cultes qui reçoivent la confession des fidèles et promettent à leur gré le paradis aux mourants ou les menacent de l'enfer. Lorsqu'il s'agit de traiter des affaires publiques, les prêtres doivent rester dans les temples. Quand ils ne dépendront plus que d'un patriarche, que leur célibat sera aboli et la confession supprimée, il sera temps d'examiner s'ils peuvent être électeurs et éligibles.

(1) *Du Régime municipal,* pag. 55 et suivantes.

DES ADMINISTRATIONS MUNICIPALES ET DE DÉPARTEMENTS.

Dans l'ordre social, les institutions qui ont une action directe et immédiate sur le peuple, sont celles qui influent le plus sur la durée des gouvernements. Un peuple bien administré ne songe guère à changer l'ordre établi ; un peuple entravé dans sa liberté et dans son industrie par les autorités qui doivent les protéger, cherche à les affaiblir ou à les renverser. Il est donc très-important, non-seulement pour le bonheur public, mais pour la stabilité du gouvernement que le pouvoir soit distribué de manière à ce que l'administration primaire surtout, celle qui est le plus particulièrement en communication et en contact avec le peuple, offre la plus grande perfection possible.

L'une des plus chères conséquences de la révolution de juillet, pour tous les citoyens, est de choisir librement et immédiatement leurs officiers municipaux.

Ayant publié depuis plusieurs années un ouvrage spécial sur cette matière (1), je peux m'honorer de ce que mes principes d'alors paraissent tout nouveaux aujourd'hui, et, sans les

(1) *Du Régime municipal* et de *l'Administration de département.*

répéter, je vais retracer les principales vues de mon système.

Après avoir exposé le tableau de la législation générale sur l'administration des communes, depuis Louis XVI jusques et compris le gouvernement impérial; après avoir particulièrement rappelé les trois conditions d'élections, dont nous avons fait l'expérience sous les constitutions de 1789, de l'an III et de l'an VIII de la république, l'auteur du *Régime municipal* déclare qu'il suffirait d'interdire les droits de cité aux serviteurs à gages et aux mendiants, mais que tous les Français d'un âge déterminé, domiciliés depuis un an, et *inscrits sur le rôle de la garde nationale*, devraient avoir le droit de suffrage.

« Si le gouvernement de la France est véritablement représentatif, observe-t-il, il n'y a pour les Français que deux conditions politiques; ils sont *électeurs* ou *représentants*, et ce principe doit se prendre au pied de l'échelle sociale, pour s'étendre jusqu'au sommet. »

Quant à la circonscription des municipalités, il me paraît que les communes rurales ont en général un territoire trop restreint et une population trop faible, pour obtenir chacune une administration particulière. Il pouvait convenir au pouvoir absolu, d'assujettir l'action de l'autorité à d'étroites limites territoriales, mais il faut agrandir désormais les communes ou du moins étendre leur administration, non-seulement pour augmenter les ressources administratives elles-mêmes, mais aussi comme un moyen de former de l'esprit municipal l'esprit patriotique, et de donner plus d'intensité et d'énergie à la raison publique.

Je n'ignore pas qu'en proposant de priver les communes rurales de leur administration particulière et indépendante, je contrarie l'esprit de localité, je blesse des amours-propres et provoque des résistances. Mais j'ai vu de près l'administration des villages, je me suis convaincu qu'elle manque de force et d'action, et que le bien y est difficile, s'il n'est pas même impossible. La conservation d'une municipalité dans chaque commune n'est bonne que pour les faiseurs de projets qui ne connaissent pas les administrations rurales ; autrement ils sauraient que l'intérêt privé y est trop en opposition avec l'intérêt public, pour qu'aucune amélioration y soit praticable. Le gouvernement même de Napoléon qui, par la volonté et la force, ressemblait tant à celui de la *terreur*, ne parvenait pas à faire exécuter complétement dans une commune, aucun réglement d'administration générale, et je doute qu'il ait pu faire arracher un arbre ou une portion de haie, pour l'élargissement de la voie publique.

Adoptant donc en cette matière les dispositions de la constitution de l'an III, je propose qu'il y ait en chaque commune, dont la population est inférieure à cinq mille habitants, un agent municipal et un adjoint, et pour ne rien changer au titre d'honneur actuel, je conserve à l'agent municipal la qualification de *maire*.

La réunion des maires de chaque commune formerait la municipalité de canton. Il y aurait de plus un président de l'administration municipale et un commissaire du roi, tous deux résidant au chef-lieu. Le berceau des municipalités a été dans les villes, il faudrait y reporter, autant que possible, leur principal établissement, et donner le nom de *ville*, à toutes les communes, chefs-lieux de canton.

Examinant ensuite l'administration de département, l'auteur du *Régime municipal* avait analysé tous les plans proposés à ce sujet, depuis le projet attribué au duc de Bourgogne, père de Louis XV et disciple de Fénelon, jusqu'aux opinions qui furent prononcées à la tribune de l'Assemblée constituante.

Je ne proposais pas expressément la suppression des préfets, mais on pouvait induire des autorités dont je me plaisais à faire la citation, que des agences collectives me paraissaient préférables pour l'administration des départements à une magistrature individuelle. Cependant je distinguais alors, comme aujourd'hui, l'administration publique d'avec l'administration locale, et je démontrais par tous les développements du sujet, que l'unité de gouvernement, la centralisation et la suprématie d'administration n'ont rien à craindre, en cessant de régir ce que l'intérêt général peut et doit abandonner à l'action des intérêts particuliers.

Le roi à qui appartient l'administration générale de l'État aurait ses commissaires près les administrations de département, comme près les administrations municipales.

J'ai prouvé par des exemples, à l'appui de mes assertions, que l'administration collective n'est nullement opposée au droit du prince, et j'ai rappelé qu'avant l'institution des commissaires du pouvoir exécutif près les administrations départementales, on avait vu les *intendants* exister à part des *assemblées provinciales*, et remplir près d'elles les fonctions de commissaires du roi.

On a pu croire d'après cette observation, déposée comme un fait, mais non comme une proposition, que je consentirais à conserver les préfets près les administrations collectives, mais telle n'est pas mon intention. Que le roi conserve les préfets comme ses *commissaires* près les administrations départementales, il en a le droit; mais je désire qu'en ce cas la dénomination de *préfet* ne subsiste point. Préfet, de *præfectus*, présente l'idée d'un maître, d'un gouverneur, et puisque nous avons abandonné le *tribunat*, le *sénat*, nous devrions renvoyer aussi à l'histoire romaine les *préfets*. Ce sont des *commissaires* que le roi doit avoir près les administrations communales et départementales, pour y exercer son autorité et y assurer l'exécution des lois. Le délégué du roi y serait le surveillant des délégués du peuple, qui de leur côté s'opposeraient aux envahissements du gouvernement.

J'adopte donc ce principe du projet d'acte constitutionnel de la Chambre des représentants : « Il y aura pour chaque département, pour chaque arrondissement, pour chaque commune, un conseil élu par le peuple, et un agent du gouvernement nommé par le roi. »

Que si l'on m'objecte encore qu'en proposant des agences collectives pour l'administration supérieure des départements, j'introduis la république dans l'administration intérieure de la France, je réponds que j'y mets seulement l'élément démocratique, et que c'est là particulièrement qu'il doit être placé. Je prie en outre d'observer que j'accorde à ces agences un commissaire du roi, que je n'exige pas même que les membres en soient élus par le peuple immédiatement, et que leur nomination par les électeurs me suffirait.

Si la république résultait de l'élection libre et immédiate des officiers municipaux, la plupart de nos coutumes locales, portant que les *maïeurs et échevins* sont annuellement *élus* par suffrages et voix communes des *bourgeois*, manants et habitants, eussent donc été républicaines. Elles étaient du moins libérales. Ainsi, comme l'a bien dit madame de Staël, c'est le despotisme qui est nouveau, la liberté est ancienne.

La proposition que j'avais avancée de réunir deux ou trois de nos départements actuels en un seul a paru dangereuse, comme pouvant faire supposer l'idée d'une république fédérale dans la monarchie. Conservons donc notre division territoriale telle qu'elle est. Elle s'est prêtée jusqu'à présent à toutes les formes de gouvernement; elle a pour elle le temps, nos habitudes, les circonstances mêmes où elle a commencé d'exister. Respectons-la, et au lieu de travailler sur le sol, travaillons sur les hommes qui l'habitent; rendons-les de plus en plus propres au gouvernement représentatif.

Je demande pour Paris, sinon une municipalité unique composée des maires et adjoints d'arrondissement, avec un président central et un commissaire du roi et deux substituts, parce que quelques-uns peuvent encore craindre le régime municipe de Rome, du moins un réglement particulier qui organise les municipalités de Paris, soit d'après les lois de l'Assemblée constituante, ou d'après les dispositions de la constitution de l'an III.

En résumant les questions principales sur lesquelles mon sentiment est entièrement prononcé, je tiens pour principes certains,

1° Que la nomination des officiers municipaux doit être faite immédiatement par les assemblées communales;

2° Que la nomination des administrateurs de

département peut être faite par les assemblées
électorales;

3° Que les administrations municipales et de
département doivent être collectives;

4° Que le roi doit avoir près de ces administrations un commissaire pour requérir et assurer
l'exécution des lois, qui appartiennent à l'administration générale de l'État.

DES SOCIÉTÉS PARTICULIÈRES S'OCCU-PANT DE QUESTIONS POLITIQUES.

On peut voir dans les Mémoires du marquis de
Ferrières, dont l'opinion n'est pas suspecte de ja-
cobinisme, l'histoire des clubs de la révolution.

Le club des *jacobins* devait son origine à quelques députés bretons, et le premier club fut formé
à Versailles, sous le nom de club *breton*.

L'Assemblée constituante étant venue siéger
à Paris, le club breton loua une salle au couvent
des jacobins de la rue Saint-Honoré, et continua
de s'assembler sous le nom de club des *amis de la
constitution*. Ce club commença ses séances à Paris
le 6 octobre 1789, et compta bientôt douze cents
membres, parmi lesquels tous les partisans du
duc d'Orléans, tels que Laclos et plusieurs jour-
nalistes. Les deux Lameth (Charles et Alexan-
dre) (1) et Barnave gouvernèrent d'abord le club

(1) M. Charles Lameth est aujourd'hui membre de la
Chambre des députés.

des jacobins. Robespierre, Péthion, Antoine Salle, Dumetz, en étaient aussi membres (1).

Le *club de* 1789 (2) était composé de ceux qui voulaient, disait-on, une constitution monarchique mixte. Messieurs Lafayette, Rœderer et Sieyes, étaient les chefs de ce club. Ils avaient été originairement membres du club des jacobins, mais ils étaient alors dissidents. Mirabeau, craint et recherché des chefs des deux clubs, faisait pencher la balance pour l'un ou pour l'autre, selon qu'il se réunissait aux jacobins ou au club de 89.

La *société des Feuillants* prit naissance, en juillet 1791, à l'époque de la délibération aux jacobins, relative à la fuite du roi, au sujet de laquelle discussion une scission s'opéra entre ses membres. Barnave et les Lameth quittèrent alors les jacobins et passèrent aux Feuillants, auxquels ils restèrent constamment attachés. Cependant la société des Feuillants, composée de *monarchiens*

---

(1) Le club des jacobins était composé, à son origine, dés députés les plus distingués et des citoyens les plus recommandables. Ce n'est que plus tard, et particulièrement en 1793, qu'il se remplit de niveleurs en carmagnole et à cheveux gras.

(2) Je crois que M. de Ferrières se trompe, en supposant que le *club de* 1789 fut ainsi nommé de l'année de sa fondation. Ce club ne s'ouvrit en effet que le 12 avril 1790, et je crois qu'il faut le nommer *club des* 89, qui était le nombre primitif de ses membres.

et de *monarchistes*, n'obtint que de demi-succès dans sa rivalité avec les jacobins.

Il y eut aussi le club des *impartiaux*, dont M. de Clermont-Tonnerre était le chef, et qui se fondit depuis dans le club monarchique.

Il s'était formé encore un *club des cordeliers*, où dominaient *Danton* et *Marat*, et où l'on exagérait les principes des jacobins.

De ces diverses sociétés, ce fut celle des *jacobins* qui exerça la plus grande influence, et qui devint le type des sociétés particulières, s'occupant de questions politiques.

On sait qu'à l'imitation de la capitale, chaque ville de France, chaque bourg, et presque chaque village, possédait sa *société des Amis de la Constitution*, affiliée à la société-mère de Paris, proclamant les mêmes principes, et comme elle obtenant alors l'hommage de l'opinion publique (1).

Les sociétés populaires rendirent sans doute de grands services à la patrie; mais déjà sous l'As-

----

(1) L'auteur de cet écrit fut, dès 1790, membre de la Société des Amis de la Constitution de Saint-Omer (le Pas-de-Calais). Il ne rappelle ce fait que pour avoir l'occasion de dire qu'il y entendit de belles discussions, soutenues par une réunion rare d'hommes d'une grande capacité. C'étaient MM. *Daunou*, membre actuel de la Chambre des députés; les deux frères *Carnot* et *Carnot de Feulint; Baert*, de *Torcy* et *Merlen*, recteur et professeur du collége des Doctrinaires.

semblée constituante quelques-unes avaient dépassé le but de leur institution. M. Chapelier fit, au nom du comité de constitution, le 29 septembre 1791, un rapport sur ces sociétés, à la fin duquel il proposa trois articles de loi, qui ne portaient que sur ceux de leurs actes qui usurperaient une partie de la puissance publique ou qui arrêteraient son action.

L'attention de la Convention nationale fut aussi appelée sur les restes des sociétés dites *populaires*. M. Mailhe lui fit, le 23 août 1795, au nom des comités de salut public, de sûreté générale et de législation réunis, un rapport où il soutint que les clubs et les sociétés populaires avaient toujours été dominés par une minorité factieuse; il y blâma la conduite outrée des jacobins, et les peignit comme ennemis des *thermidoriens*. Sur sa proposition, la convention décréta que toute assemblée connue sous le nom de *club* ou de *société populaire* était dissoute. Déjà le député *Legendre* s'était rendu aux jacobins de Paris dans la nuit du 9 *thermidor* de l'année précédente; il avait fermé les portes de cette assemblée, et en avait apporté les clefs à la Convention.

Cependant la constitution de l'an III, en restreignant les sociétés particulières s'occupant de questions politiques dans de certaines limites, avait par cela même autorisé en principe cette sorte de sociétés, en tant qu'elles ne pourraient être contraires à l'ordre public. Aussi sous le régime de cette constitution, des cercles, dits *constitutionnels*, se formèrent d'abord, qui ne furent guère autre chose que des cabinets littéraires où l'on s'entretenait à volonté de questions politiques.

Mais d'autres sociétés de discussions politiques sortirent bientôt des limites de leur destination, et le Directoire exécutif en fit fermer plusieurs à Paris, le 27 février 1796. Il fit connaître au corps législatif les motifs qui l'avaient déterminé à cette clôture, et lui indiqua, par un message, la nécessité de déterminer la nature des sociétés ou réunions politiques des citoyens, autorisées par la constitution.

Cette nécessité d'une loi se fit sentir de nouveau en 1799, lorsqu'une société de délibérations politiques se fut établie au *Manége*, dans l'ancien local même des séances de la Convention.

Une commission spéciale fut formée dans le conseil des Cinq-Cents ; la discussion s'y engagea sur le rapport fait par le député *Rollin* ; un assez grand nombre de députés, notamment M. *Berlier*, prirent part à la discussion (1). Il n'y eut d'ailleurs aucune résolution adoptée à ce sujet

(1) L'opinion de M. Berlier, prononcée le 21 fructidor an VII, a été publiée par l'imprimerie nationale. L'opinion de l'auteur de cet écrit, prononcée le 26 du même mois, a aussi été imprimée par ordre du conseil des Cinq-Cents.

par les Conseils, et les événements du 18 brumaire vinrent ajourner cette discussion.

M. *Rœderer* publia à cette époque un écrit dont l'esprit est fort restrictif, mais qui doit être distingué et qui mérite d'être consulté, parce que la question y est nettement posée et la matière bien entendue (1).

Enfin nous eûmes durant les *cent jours* le *club des fédérés*, présidé par un ancien membre du tribunat (2), qui, vieux et à la voix chevrotante, n'était pas un *tribun du peuple* fort redoutable, et ne pouvait être animé de cette éloquence saisissante et entrainante des Gracques.

Je n'ai point prétendu faire l'historique de la législation sur les sociétés populaires, mais seulement en signaler les principaux actes, car depuis le mois de novembre 1790 jusqu'à l'époque du gouvernement consulaire, plus de quarante lois ou décrets ont été rendus sur les sociétés populaires, soit pour les favoriser ou les réprimer, pour les fermer ou les rouvrir, selon les phases de l'opinion publique ; et, il faut le reconnaître, les lois de répression et les réglements de police à leur égard sont presque toujours devenus impuissants et sont demeurés sans exécution.

(1) *Des Sociétés particulières*, telles que *clubs*, *réunions*, *etc*. Paris, *Demonville*, an **VII**.

(2) Feu M. *Carret*, alors conseiller-maître à la cour des comptes.

Aujourd'hui le principe des sociétés particulières s'occupant de questions politiques me paraît plus facile à saisir.

Le droit des citoyens de s'assembler paisiblement et sans armes, en satisfaisant aux lois de police est incontestable. Nul non plus ne peut être empêché de dire, écrire, imprimer et publier sa pensée.

Le mal et les désordres causés par les sociétés populaires sont résultés surtout de l'extension qu'elles se sont donnée par leur correspondance entre elles, leur affiliation à une société-mère, leur envoi de commissaires les unes aux autres, et par leur centralisation. C'est ainsi que les *Brutus*, les *Aristide*, les *Publicola*, ont usurpé le pouvoir et se sont même attribué la souveraineté. Ces modes de correspondre, de s'affilier, de s'envoyer des commissaires pour se coaliser et de se centraliser doivent donc être interdits aux sociétés particulières s'occupant de questions politiques; il doit aussi leur être défendu de se qualifier *société populaire*, car ce titre a plusieurs acceptions, et il peut induire en erreur. Elles peuvent d'ailleurs discuter et même *délibérer* dans l'ordre de tout ce qui est licite.

On a cherché dernièrement à effrayer les esprits de l'existence de quelques-unes de ces associations qui s'étaient formées depuis la révolution de juillet, sous l'inspiration de la liberté et sous l'égide de la publicité. Je me persuade que le gouvernement en a été moins inquiété que l'on a voulu le lui faire accroire. Le seul acte répréhensible qu'aient commis ces sociétés fut une marche funèbre qui pouvait être dangereusement imitée; mais en même temps le seul vœu que ces sociétés aient exprimé a été de solliciter la suppression de la peine de mort. Quels factieux que ceux qui honorent le martyre civique, et jettent un cri de miséricorde entre les coupables et l'effusion du sang humain !

Des sociétés de discussions politiques existent depuis long-temps d'une manière très-utile, sans séances publiques, sans spectateurs distincts de leurs membres, telles que la société des *Amis de la presse*, et la société *Aide-toi, le ciel t'aidera* (1).

Il s'agit maintenant d'abroger l'article 291 du Code pénal, et d'autoriser, dans des limites convenables, les associations s'occupant d'objets religieux, littéraires, politiques ou autres, car à défaut d'associations autorisées, vous auriez des sociétés secrètes, et si dans ce cas vous vouliez sévir contre celles-ci, vous auriez des troubles et peut-être des journées de révolutions.

Le législateur, dans la loi à faire, ne doit défendre strictement que ce qui peut être contraire à l'ordre public; il doit abandonner tout le reste

(1) M. B. Constant a rappelé, dans un discours à la Chambre des députés, que l'ex-ministre, M. *Guizot*, avait été l'un des fondateurs de cette société.

à l'influence de la raison et à la sollicitude du patriotisme.

Je ne crois pas les sociétés de discussions politiques nécessaires à notre situation. J'entends objecter cependant, qu'en cas de guerre *imminente*, elles seraient utiles pour exciter le peuple à défendre le territoire, et l'on rappelle que l'on a dû, à une autre époque, aux sociétés populaires, tout le succès de la levée en masse des Français. Il faut reconnaître cette vérité, mais il en est une autre qui domine, c'est que dans tous les temps, il a suffi, en France, de frapper du pied la terre, pour en faire sortir des légions armées. L'heureux sol français ne produit pas seulement des blés et des vins, mais du fer et des soldats.

DE LA PEINE DE MORT.

La peine de mort est un digne sujet de méditations. Dans le nombre des écrivains qui ont gouverné l'opinion, Montesquieu, Mably, Filangieri, soutiennent que l'homme a pu transmettre à la société le droit qu'il n'a pas lui-même, de disposer de sa propre vie. Rousseau, après avoir fait un éloquent tableau du préjugé barbare du duel, après avoir demandé à celui qui se bat au premier sang...... « Grand Dieu ! et qu'en veux-tu faire de ce sang, bête féroce ? Le veux-tu boire ? » Rousseau reconnaît aussi que le malfaiteur doit être retranché de l'État par la mort, comme ennemi public. Cependant il examine de suite le droit de faire grâce, et, après avoir blâmé les fréquentes grâces, il s'écrie : « Mais je sens que mon cœur murmure et retient ma plume ! » Beccaria nie que la société ait le droit de vie et de mort, et son système est aujourd'hui celui qui a le plus de partisans. La peine de mort fut dénoncée aux états-généraux de 1789, et la question de savoir si elle serait ou non conservée fut discutée à l'Assemblée constituante. M. Prugnon en demanda le maintien, et M. Adrien Duport la suppression. Le talent de M. Duport ne put réunir la majorité, et, selon son expression si touchante, après avoir été interrompu plusieurs fois dans son opinion, il ne put *retarder la peine de mort que d'un quart d'heure*..... Le dernier acte de la Convention nationale prononça l'abolition de la peine de mort, *à dater du jour de la publication de la paix générale.* Le gouvernement consulaire proposa au tribunat une délibération qui prorogeait la peine de mort, et il déclara en même temps, par l'organe de ses orateurs, ne pas vouloir rapporter le décret de la Convention, mais seulement *attendre l'heureux jour où ce décret pourrait être exécuté.* M. Gary fit le rapport de ce projet de loi qui fut froidement adopté. Enfin la Chambre des députés vient aussi de s'occuper de cette question si importante et si profonde, sur la proposition de M. de Tracy, et, comme si elle se fût effrayée des conséquences d'une si belle initiative, elle a interrompu la discussion au moyen d'une adresse au roi pour le supplier de proposer une loi sur cet objet. Ainsi l'abolition de la peine de mort a été pour la quatrième fois, depuis quarante ans, indéfiniment ajournée, comme si l'humanité avait le temps d'attendre. Mais, ce qui est plus déplorable encore, c'est que la Chambre a détruit presque toutes les espérances des philanthropes. M. de Tracy avait proposé l'abolition de la peine de mort d'une manière absolue, générale, et dans une pensée assurément tout-à-fait étrangère aux personnes, et voilà que la Chambre charge M. Bérenger qui lui a proposé l'accusation des derniers ministres de Charles X, M. Bérenger, l'un des commissaires pris dans son sein et nommés par elle pour soutenir cette accusation, de lui faire le rapport de la proposition de M. de Tracy. C'est encore M. Bérenger qui rédige l'adresse au roi; c'est lui qui la présente au prince. Rapprochez donc de ce triple rôle celui de commissaire accusateur des ministres, et dites-moi si l'intention d'épargner aux ministres la peine de mort, dans le cas où ils l'encourussent, peut être plus maladroitement patente ? Pourquoi aussi la Chambre, toujours indécise et perplexe dans ses centres, réfère-t-elle au roi une proposition de loi qui lui appartenait, et dont elle eût dû avoir le courage de poser elle-même les bases ? Et c'est aussi dans une séance du soir, aux flambeaux et avec la précipitation d'une heure insolite, qu'elle a délibéré sur le droit de vie et de mort ! Ce n'est cependant pas dans les ténèbres que la peine de mort devrait être abolie, c'est dans le jour, à midi plein et à la face du ciel. Députés imprudents, qu'avez-vous fait par votre résolution bien nommée *inopportune?* Vous avez retardé pour long-temps, vous avez empêché peut-être pour toujours le plus grand acte de législation qu'un peuple puisse faire ! Vous avez compromis la popularité du roi, si elle pouvait l'être ! Enfin, en voulant trop évidemment servir les ministres accusés, vous avez éloigné d'eux la clémence et rendu bien difficile l'exemption de leur peine. Quelle sera maintenant la péripétie d'un drame si mal exposé ?

Je ne suis pas préparé à énoncer mon opinion sur la peine de mort, et peut-être prononcerais-je autrement mon vœu, comme législateur que comme citoyen ; mais, dans mes sentiments, l'abolition de cette peine doit être absolue et générale, pour avoir le caractère d'une institution qui change et adoucisse nos mœurs.

Convaincu aussi que l'exemple des supplices est toujours perdu pour les scélérats, et dans la crainte que le peuple français ne se fasse un besoin de ces spectacles, comme le peuple de Rome, de celui des gladiateurs ; je désire qu'aussi long-temps que la peine de mort sera conservée, les exécutions se fassent le soir, à la lueur des torches, dans un cimetière à l'extérieur, préparé pour ces supplices.

Je craindrais de voir tourner en ridicule un autre vœu, si je demandais qu'il fût permis au condamné à mort, de se la donner lui-même dans un délai fixé et de quelque manière que ce fût; mais je propose du moins de ne plus empêcher désormais les condamnés de se procurer les moyens de commettre le plus noble suicide.

En vain, a-t-on dit, dans un vers ampoulé :

« Le crime fait la honte, et non point l'échafaud. »

la main du bourreau dégrade, et j'admire le courage de *Condorcet*, buvant la ciguë, comme Socrate, pour ravir à ses proscripteurs l'affreux plaisir d'assassiner la vertu; de *Valazé*, qui se poignarde sous les yeux mêmes de ses iniques juges; de *Bourbotte*, qui, après s'être frappé le premier d'un couteau, le passe à ses cinq collègues qui l'imitent. Leur vie n'appartenait qu'à eux, du moment qu'ils ne pouvaient plus la consacrer à leur pays, et libres encore dans les fers, ils surent se l'ôter avec honneur.

Les femmes même ont été sacrifiées à la mort pour opinion politique, et madame *Roland*, cette femme sublime, dont on a dit qu'elle ne le cédait en héroïsme, ni à Caton, ni à Sidney; qui, avec de grands talents et de hautes vertus, chérissait par-dessus tout les livres et les fleurs, dut courber sa tête superbe sous le bourreau, parce qu'il ne lui fut pas permis, après avoir composé un hymne funèbre à la patrie, de s'endormir de ce doux et enivrant poison, qui l'eût fait mourir en rêvant de liberté.

Ah! si nous maintenons la peine de mort pour l'homme, soyons du moins aussi miséricordieux que les conquérants les plus barbares; épargnons dans nos massacres juridiques, ces créatures faibles, mais qui engendrent les forts; que les passions peuvent égarer, mais qui sont toujours touchantes; et affranchissons de la peine de mort, les filles, les amantes, les épouses et les mères!

DU PROCÈS DES EX-MINISTRES DE CHARLES X.

L'acte constitutionnel présenté au peuple français par la Convention nationale, fulminait dans une *déclaration des droits de l'homme et du citoyen*, ce terrible anathème : « Que tout individu qui usurperait la souveraineté, soit à l'instant mis à mort par les hommes libres! » Cette *mise hors la loi* n'eût pas été applicable aux ministres de Charles X. On pourrait dire que les ordonnances contre-signées par eux violaient la Charte en détruisant la Chambre des députés, portion essentielle de la puissance législative; mais assurément la Charte ne contenait ni explicitement, ni implicitement le principe de la souveraineté du peuple, et les ministres ne peuvent être accusés d'avoir usurpé cette souveraineté. Ce n'est point là leur crime légal ; mais quel qu'il soit, il y a difficulté de les juger ; et il est à regretter, non moins pour la France que pour eux, qu'ils aient abandonné leur *maître* pour fuir, tandis que s'attachant étroitement à son sort, ils eussent pu obtenir, comme lui et avec lui, un *laisser-passer* pour l'extérieur du royaume. Cependant les voilà arrêtés, accusés, ils vont être mis en jugement, et l'on peut déjà prévoir leur défense. Ils déclineront la *compétence* de l'une et de l'autre Chambre ; ils argueront du défaut d'une loi qui ait spécifié la nature de leur délit et en ait déterminé la poursuite et les peines (1). Or, nulle contravention, nul délit, nul crime ne peuvent être punis de peines qui n'étaient pas prononcées par la loi, avant qu'ils fussent commis. C'est la teneur de l'article IV des dispositions préliminaires du Code pénal ; c'est aussi le décret de la justice éternelle, antérieure à tous les codes. Mais les ministres, quoique coupables de trahi-

---

(1) M. *Farez*, ancien député du département du Nord, et aujourd'hui procureur général de la Cour de Douai, avait présenté à la Chambre des députés, en 1814, de beaux travaux et un projet de loi sur la responsabilité des ministres ; mais le gouvernement de Louis XVIII et la Chambre des députés elle-même ne voulaient pas sérieusement cette responsabilité, et il ne fut point donné de suite aux propositions de M. Farez.

son, doivent-ils donc être absous, parce que cette trahison n'aura pas été préalablement déterminée, et que la peine à infliger n'aura pas été prononcée? On peut répondre que le Code pénal a assez d'autres délits et d'autres peines pour eux. Les ministres n'ont-ils pas ordonné ou fait quelque acte arbitraire et attentatoire, soit à la liberté individuelle, soit aux droits civiques d'un ou de plusieurs citoyens, soit à la Charte? Le Code pénal ne qualifie-t-il pas d'assassinat tout meurtre commis avec préméditation ou de guet à pens? Or, l'on peut soutenir que les ministres ont été pris en flagrant délit, et les mains sanglantes; on peut ajouter, plus ou moins oratoirement, qu'ils ont commandé aux Suisses de mitrailler et sabrer les Parisiens, et qu'ils étaient derrière ces féroces soldats, sinon à leur tête. Mais les ministres ont-ils donné des ordres écrits, et ces ordres comment sont-ils conçus? Voilà les preuves qui manqueront à la justice pour juger les ministres comme coupables d'assassinat. Cependant en supposant qu'ils puissent être condamnés pour ce crime, le dernier mot est la *mort*, c'est donc *toujours du sang!* Ah! je n'en ai pas soif plus que vous, et si les ministres sont condamnés comme traîtres ou comme assassins, le peuple alors, je n'en doute pas, mais cette fois le peuple lui-même, et particulièrement la garde nationale de Paris, voudront invoquer leur grâce. Les Français, quand leurs ennemis sont vaincus, ne les font point périr, et ils les mettent sous la sauve-garde de la pitié publique. Les ministres sont leurs prisonniers, et dans les jours mêmes de la ter-reur, les Français ont renvoyé leurs prisonniers dans le camp ennemi (1). Ils ne se montreront pas aujourd'hui moins généreux. Inexorables dans les combats, ils seront miséricordieux après le triomphe. Ce n'est point pour des palmes ensan-glantées que les Parisiens ont combattu, c'est pour la liberté. Le sang est glorieux dans les combats, il enivre sur le champ de bataille, mais il brûle, il tache après la victoire. Si les minis-tres ne subissent pas de peines afflictives, ils n'é-chapperont pas aux peines infamantes. Si l'on ne peut les condamner ni à la déportation, ni au ban-nissement perpétuel (2), ils se condamneront eux-mêmes à être toute leur vie fugitifs et errants sur la terre. Le sang des braves criera contre eux, et ils en resteront marqués au front, comme d'un signe éternel de réprobation. Les remords ven-geurs qui dévoreront lentement leur vie, seront pour eux un supplice pire que la mort.

(1) Des lois de la Convention avaient ordonné qu'il ne serait plus fait de prisonniers de guerre, et nos armées n'ont jamais voulu les exécuter. Des prisonniers d'une autre sorte..... mais cette page de notre histoire doit être déchirée, ou plutôt elle doit y subsister pour l'exécration éternelle de ceux qui n'ont pas craint de commander et d'avouer ce massacre.

(2) La durée du bannissement est de dix ans, au plus.

DE LA RÉPUBLIQUE ET DES PARTIS.

Je vais marcher sur des charbons, mais j'espère les parcourir sans brûlure.

La Convention nationale avait décrété la république par crainte des rois, mais non par vengeance contre la royauté. Plus tard elle a cru anéantir la royauté en immolant le roi, car cette condamnation est un fait tout politique, et ce ne fut pas pour le plaisir barbare de faire mourir un roi dans un homme, que les conventionnels ont voté la mort de Louis XVI. Ils se sont trompés dans cet acte, et ils ont certainement excédé leurs pouvoirs, parce que d'après la constitution la personne du roi était *inviolable* (1). A cette époque le gouvernement représentatif n'était pas encore bien compris, mais aujourd'hui sa théorie est telle que l'on peut en accom-

(1) Louis XVI, pour avoir trahi ses serments, avait encouru la *déchéance,* et, pour avoir cherché à sortir du royaume, il était censé avoir abdiqué la royauté. Il est à regretter qu'au lieu de l'avoir arrêté à Varennes, on ne l'ait pas laissé joindre le corps d'armée de M. de Bouillé ou sortir du royaume. Le pacte social devrait contenir ces clauses, que tout roi ou chef de gouvernement, qui a quitté ses États, sans l'agrément du pouvoir législatif, est censé avoir abdiqué ; et que tout roi ou chef de gouvernement qui laisse envahir le territoire national, sans refouler aussitôt les troupes ennemies au-delà des frontières, est déchu.

moder également les royalistes et les républicains. On peut dire aux uns : rassurez-vous, car
vous avez la *royauté* dans la république; aux autres : soyez contents, vous avez la *république* dans
la royauté. Le caractère le plus distinctif entre
le gouvernement représentatif et la république,
c'est que l'un a pour chef un roi héréditaire,
l'autre un *président* à terme ou à vie. Le roi est
assis sur un trône, le président dans un fauteuil.
Mais un trône n'a rien d'effrayant depuis que
Napoléon l'a défini. « *Qu'est-ce que le trône?*
Quatre morceaux de bois couverts de velours. »
Le fauteuil peut être donc plus riche que le
trône et coûter plus cher. S'il y avait un choix
à faire, je conseillerais de préférer le roi au président, par la raison que les Washington sont
rares, même aux États-Unis, et que si l'on choi-
sissait en France un de ses honorables émules
pour présider la république, il pourrait avoir
des successeurs sans être remplacé. Un descendant du roi héréditaire pourrait aussi un jour
être indigne également de ses aïeux et de la nation, mais *bon sang ne peut mentir*, et l'éduca-
tion que le roi des Français donne aux princes
ses fils doit nous tranquilliser pour plusieurs gé-
nérations. Sûrs d'un roi tel qu'il nous fallait, et
d'un prince royal tel qu'il nous faut, nous avons
de l'avenir; mais à supposer que dans l'avenir le
plus éloigné, le châtiment infligé à Charles X
n'ait pu porter de fruits ni servir de leçon, et

que nos neveux fussent exposés comme nous l'avons été, aux plus impérieuses nécessités, eh bien ! la souveraineté du peuple a été reconnue, et ce principe est fécond en conséquences.

La question de la république est sans objet, mais ce n'est pas moi qui rouvre la discussion, ce sont les députés à la Chambre, qui, chaque jour, à propos ou sans à propos, affectent de faire à ce sujet des professions de foi. Les ministres d'hier et d'aujourd'hui, ceux même de demain, les conseillers d'État, les administrateurs, viennent tour à tour déclarer à la tribune qu'ils ne veulent pas la république que personne ne demande, mais c'est véritablement une parade politique, et telle séance de la Chambre a pu être appelée la *journée des dupes*. L'un des inconvénients de cette répétition de thème est de remettre en quelque sorte en question le titre du roi des Français. Charles X supposait toujours partout des ennemis de sa légitimité : il voyait juste, mais il se conduisait impolitiquement. Un roi qui sait régner ne doit reconnaître ni ennemi ni adversaire, et le roi des Français n'a rien à craindre des républicains. Depuis la découverte du gouvernement représentatif dont le beau système, dit Montesquieu, a été trouvé dans les bois, et dont les Anglais ont les premiers tiré des Germains l'idée de leur gouvernement politique, la question de la république a tout-à-fait changé. Cette question n'est plus en quelque sorte qu'une dispute de mots, puisque avec des formes différentes, on peut avoir un gouvernement de même nature, c'est-à-dire la république avec un roi, ou la monarchie avec une république. Les prudes ne veulent pas le mot en amour; les femmes franchement galantes acceptent le mot et la chose; c'est à peu près l'état des royalistes et des républicains. Ceux-ci n'auraient pas peur du mot, mais ils se contentent de la chose, c'est-à-dire de la monarchie nationale.

Quels sont donc les partis en France? Celui des républicains ne subsiste plus. Y a-t-il un parti *napoléoniste*? Il y a des souvenirs de gloire sur Napoléon, mais il reste aussi contre son despotisme des ressentiments, et le fils d'un despote et d'une archiduchesse d'Autriche ne peut prétendre à régner jamais sur la France constitutionnelle. Si le duc de Reichstadt se montre un grand capitaine comme son père, il pourra un jour être l'un des généraux de nos armées, car le *fils de l'homme* est né Français. Et le duc de Bordeaux, le prétendu *Henri V*? je respecte son enfance, mais quel trône viendrait-il réclamer? Ce n'est pas celui de son aïeul; il a été brisé et réduit en poudre, après que Charles X eut, comme un insensé, déchiré de ses propres mains la Charte qu'il avait jurée sur les autels de Rheims. Voudrait-il s'emparer du trône de Louis-Philippe? mais l'amour et le courage des Français le gardent; il faudrait avoir vaincu à Jemmapes, à Valmy et dans vingt autres combats, avant d'en approcher. Mais les armées étrangères, si elles faisaient une nouvelle invasion, n'entreraient plus dans Paris, et elles ne sortiraient plus de la France. Les populations des départements viendraient se réunir à celle de Paris pour les exterminer. Figurez-vous tout le territoire de la France un camp, tous les ateliers des arsenaux, et tout Français un soldat. Mais voyez aussi tous les royaumes étrangers dont les armées seraient en marche contre la France, en proie aux révolutions de leurs peuples, qui, aux chants de la *Parisienne*, conquerraient leur liberté, en même temps qu'aux accents de la *Marseillaise* nous défenderions et conserverions la nôtre.

Les cabinets n'épouseront donc pas la cause du duc de Bordeaux, et cet enfant, né sous un destin sinistre, augmentera le nombre des *prétendants* qui vont s'amuser au carnaval de Venise, ou mourir monacalement à Rome.

Cependant ce que les cabinets seraient peu disposés à faire pour le dernier descendant de la branche aînée des Bourbons, peut-être voudront-ils le tenter dans l'intérêt général de la royauté. Deux principes ennemis sont en présence, la souveraineté des peuples et la souveraineté des rois, et, selon que l'un ou l'autre de ces principes triomphera, le monde datera désormais de l'ère des gouvernements representatifs ou des gouvernements du droit divin. C'est un combat provoqué entre les peuples et les rois ; mais c'est pour les rois un combat à mort, et jusqu'au dernier écu, tandis que les nations ne périssent point, et trouvent en elles une source inépuisable de contributions. Les peuples ont leurs armées, ce sont eux-mêmes qui s'enrôlent sans remplaçants. Les rois ont leurs cohortes, leurs stipendiaires. Déjà frappés de cet esprit d'erreur et d'imprudence, funeste avant-coureur de leur chute, les rois passent la revue de leurs gens de guerre ; ils comptent avec complaisance le nombre de leurs bataillons ; mais qu'ils y prennent garde ! les baïonnettes sont devenues intelligentes, le soldat est aujourd'hui *citoyen*, et avant d'obéir il raisonne, avant de tuer il délibère. Les armées avaient fait jusqu'à présent toute la force et toute la raison des rois, elles étaient le ressort de leur puissance, mais le ressort est usé, et pour peu qu'il soit *forcé* il se rompra. Rois, quels seront alors vos défenseurs et vos vengeurs ? La *Sainte-Alliance* est aujourd'hui dans les peuples qui se confédéreront pour la liberté. L'alliance des rois est rompue, et l'Angleterre notamment leur refusera ses soldats et ses subsides.

Malgré les démonstrations guerrières qui nous menacent, nous n'avons donc rien à redouter que nos propres divisions. L'ennemi du dehors et de l'intérieur s'en réjouit, et, pour tromper ses espérances et le combattre plus sûrement, les patriotes de toute date et de tout rang doivent s'unir désormais dans le dévouement au roi et l'amour de la patrie. Gardons-nous d'arborer deux drapeaux ! Les couleurs nationales peuvent seules nous assurer l'indépendance avec la liberté.

Je crains que l'on ne veuille faire de *l'ordre* un terme de convention. *L'ordre*, s'écrie-t-on, est notre ralliement. C'est aussi le mien, mais on dénature le mot, lorsqu'on veut mal la chose. Ce n'est pas la soumission des esclaves ni le silence des tombeaux que j'appelle l'ordre. La *sûreté*, la *propriété*, voilà l'ordre civil. L'*égalité*, la *liberté*, c'est l'ordre politique. Voilà tout l'*ordre public*. Que l'on cesse donc d'appeler *anarchistes* ceux qui veulent, avec le gouvernement représentatif, les lois généreuses qui en dérivent et qui sont nécessaires à son organisation !

Espérons aussi qu'un homme d'État se montrera dans les conseils du roi. La France n'a manqué ni de héros ni d'orateurs ; mais les hommes d'État y ont toujours été trop rares, et quelques-uns nous ont été enlevés intempestivement. Mirabeau, par exemple, s'il avait vécu sous la république, nous eût préservés du régime de la terreur. Il nous faut l'*homme* que Diogène, même avec sa lanterne, ne trouva point. Ne cessons pas de le chercher sur les traces des anciennes capacités qui nous restent. Peut-être aussi est-ce dans les rangs de cette jeunesse qui n'est pas encore entrée assez largement dans les affaires, qu'il doit se rencontrer. *Pitt* fut ministre à *vingt-trois ans* (1).

(1) Chacun fait à volonté ses héros et ses hommes d'État. Mes capitaines dans nos révolutions sont *Masséna* et *Bonaparte*; mes hommes d'État, *Mirabeau, Carnot, Dumouriez* et *Napoléon*. Supposez ces quatre hommes dans un Directoire, et dites-moi s'ils n'eussent pu soulever un monde, sans le levier d'Archimède? J'ai entendu nommer aussi MM. de *Talleyrand* et *Fouché*, mais je ne vois pas en eux l'étoffe d'hommes d'État. On a appelé les hommes d'État les *Girondins*, mais ils ont été plutôt les *doctrinnaires* de la Convention; et quest-ce que des hommes d'État, par vingtaine, des hommes d'État qui se laissent vaincre et supplicier!

FIN.